AF216202

Marion Jana Goeritz

Erinnerungsblick

Bibliografische Information der Deutschen Nationalbibliothek:

Die Deutsche Nationalbibliothek verzeichnet diese Publikation in der Deutschen Nationalbibliografie; detaillierte bibliografische Daten sind im Internet über http://dnb.dnb.de abrufbar.

Herstellung und Verlag: BoD – Books on Demand, Norderstedt

ISBN: 978-3-7460-1281-0

Herzlich Willkommen liebe Leser,

manchmal gab es Stunden, diese haben mich in Erinnerungen schwelgen lassen.

Und obwohl ich vielleicht am Anfang noch dachte, oder gar fühlte, das ist gerade nicht so gut, empfand ich es im Nachhinein etwas anders. So hatte ich eine Aufgabe, einen Weg und dieser führte mich immer wieder zu mir selbst. War es vielleicht eine Prüfung meiner Selbstfindung? Wie auch immer, alles was mir je begegnet war führte dazu, das ich heute der Mensch bin, der ich bin. Liebe.

Herzlichst

Marion Jana Goeritz

Verlieren

dass sich in Liebe zugewandt

ist das Schwerste wohl

als du erwachtest

alte Flüsse die längst versiegt

rinnen durch die Landschaft

an ihren Ufern

stille Welt

Im Land des Vergessens

ist ein Kraut gewachsen

für die Liebe

Liebst du

dann schaust du zu dir

in dein Gefühl

dein Blick könnte sich dann

unmöglich verlieren

er nimmt auf

du nimmst wahr

es öffnet sich dein Weg

und bleibst du bei dir

wirst du diesen Weg auch gehen können

mit all deiner Liebe

Nichts

verliert sich das wichtig ist

nichts

bleibt unentschieden

was einer Entscheidung bedarf

nicht im Gehen

auch nicht in der Stille

Leise

durch die Angst geschlichen

laut

mit Mut voran gegangen

Tränen

in einsamen Momenten

füllten den Fluss

der "Komm nie zurück" heißt

an seinen Ufern

schöne Welt

Was bleibt übrig

als weiterzugehen

nach der Stille

das Laute verstummt

leise Töne

noch nicht erlernt

was bleibt übrig

als weiterzugehen

nach dem Bruch

dem so viele schon vorausgegangen

doch dieses Mal

fühlt es sich so anders an

was bleibt übrig

als weiterzugehen

nach dem Gesagten und Gefühlten

am Tag

und in der Nacht

nach der Einsamkeit

der gefühlten Lügen

was bleibt übrig

ein Gefühl der Liebe

für einen selbst

Die Blumen des Frühlings

zwar verblüht

die Farben des Sommers

jedoch sie strahlen

das Bunte des Herbstes

noch nicht zu sehen

und das Weiß vom Winter

nicht mehr im Herzen tragen

könnte es noch schöner werden

vielleicht

gingst du immer

liebevoll an meiner Seite

Erzähle mir von dir

übers Telefon

einfach so

sprich mit mir

als würden wir uns kennen

lass deinen Mut

mit der Sonne aufgehen

und geht sie am Abend schlafen

bette dich auf ein weiches Kissen

und ruhe deine Seele aus

Es saß ein Engel

auf dem Fensterbrett

sein Blick zum Himmelszelt hinauf

die Flügel weiß

und wunderschön glitzernd

eine warme Decke

hielt sie in ihrer Hand

doch sie ging zu Boden

im Augenblick des Sehens

sie fühlte Liebe

im Herzen so tief

setzte sich auf ihr Sofa

und staunte schweigend

über das Gefühl

so warm in ihr

ob er wegen ihr gekommen wäre

ein leiser Gedanke in der Nacht

da zeigte der Engel sein liebliches Gesicht

und seine Flügel wurden weit

er kam ins Zimmer

und nahm den Platz neben ihr ein

seine Flügel berührten ihre Seele

Glitzerstaub an ihr

du bist nicht allein

diese Worte fühlte sie so stark

das eine Träne auf Reisen ging

die Flügel des Engels hüllten sie ein

bis der Morgen erwachte

und sie fühlte diese große Liebe

es saß ein Engel

auf dem Fensterbrett

eine weiße Feder erinnert sie daran

und mit einem Lächeln

geht sie in den Tag

Es waren die vielen Gefühle

die dich ummantelten

die dich manchmal

nicht ruhen lassen haben

wie bunte Kreisel

erzählten sie dir

doch das was wirklich wichtig ist

hast du es schon gefunden

Reihenweise Gedanken

Altpapier

schwarze Buchstaben auf weißen Seiten

wer hat das geschrieben

um wessen Leben dreht es sich hier

ich drehe ab und lese

nehme es mit und erfahre mehr

beginne mich zu interessieren

und gehe zur Tür

meine Jacke über meinem Arm

und als ich so

die Treppen im Haus herunterlaufe

begegnet mir eine Frau

jung an Jahren

sie weint

und sitzt auf einer der Stufen allein

"Wenn es weh tut

geh hindurch

stelle dich der Wahrheit

es wird dich schmerzen

wie nie zuvor

doch es wird dich auch heilen

in der Seele"

diese Zeilen

waren mir in Erinnerung

ich suche das Blatt mit dem Geschriebenen

setze mich zu ihr und gebe ihr es zu lesen

ich warte auf eine Reaktion

wie

"Was für ein Geschwätz

als ob das helfen könnte"

doch ich werde überrascht

sie nimmt mich in ihren Arm

und Tränen rinnen über ihr Gesicht

und weil ich ihren unsagbaren Schmerz

auch fühle

vergieße auch ich die Tränen

die da noch in mir sind

die

die noch übrig waren

von meiner Wahrheit

als ich sie erkannte

still bleiben wir noch ein Weilchen sitzen

die junge Frau schaut mich an

und ihre Wimperntusche läuft über ihr Gesicht

kein Taschentuch zur Hand

ich wische meine Tränen vom Gesicht

und biete ihr an

komm mit mir mit

sie nimmt an und wir trinken Tee

erzählen

als würden wir uns Jahre kennen

sie von sich und ich von mir

die Zeit vergeht

und mit einem

bezaubernden Lächeln im Gesicht

verabschiedet sie sich von mir

mein Gefühl ist still

und in Liebe

Schweigen

die Stille

war getunkt in die Farbe der Angst

doch es gab kein zurück

nur den Weg nach vorn

ein Schritt vor den anderen

führte auch zum Ziel

leise hörte man den Absatz auf dem Asphalt

Regentropfen

spielten ein Stück zum Weinen schön

im Dunkeln

sah man seine Tränen nicht

denn ein Mann

darf auch nicht weinen

das hatte er so oft gehört

doch in dieser Nacht

war alles anders

es war ihm egal

nicht mehr wichtig

er war erwacht

Liebe

Gespräche

im Gemenge

Worte aufgeschnappt

ins eigene Leben integriert

das Gefühl erzählt

es passt

Antworten

auf eine Weise

die niemand sonst für möglich hält

und meine Fragen werden leise

ver-rückte Welt

vielleicht

aber

meine Welt

Stellenweise Sonne

Herz berührend anders

Welten entfernt

und doch ein Gefühl

das beiden erzählte

die da immer wieder zueinanderfanden

einmal so und einmal so

doch jedes Mal

wurde es ein wenig schwächer

bis dieses Gefühl

im Universum einschlief

und sie sich fanden

in ihrer Liebe

Die Marionetten

tanzen am Abend

später

liegen sie flach auf dem Rücken

keiner kann das

so gut wie er

doch

es beginnt zu bröckeln

die Fäden

zu dünn

zum Zerreißen gespannt

und ein neuer Weg

für ihn unbekannt

dabei

wäre es doch so einfach

die Wahrheit

ist Liebe

Diese bunten Farben

so schön leuchten sie

Vorsätze

verlegt für einen Abend

nichts war ihr fremd

auf all ihren Wegen

doch das Bunte

das kannte sie noch nicht

wie Schmetterlinge

so sah sie die Farben im Licht

ihre Augen geschlossen

nur ihr Herz

hatte sie das Bunt fühlen lassen

und doch ging sie zurück

zu gefährlich

schienen ihr die bunten Farben

es brauchte Zeit zu verstehen

und vielleicht

gab es noch einen anderen Weg

zu diesen schönen bunten Farben

Wenn du liebst

tragen dich deine Füße

über die Erde

auf der du deine Sorgen gebettet hattest

sie lassen dich laufen

durch das Kühl des Flusses

auf dem du deine Sorgenschiffe

zur Reise hast aufbrechen lassen

sie lassen dich fühlen

das Kalte der Steine

von denen du manchmal einen aufgenommen

und auf die Erde hast fallen lassen

weil alles in dir

nach Liebe schrie

sag doch

wohin haben sie dich gebracht

Sicherlich

erkennst du mich im Gemenge

sicherlich

fühlst du meine Fragen

sicherlich

empfindest du ein Gefühl der Vertrautheit

sicherlich

nimmst du die Liebe in mir wahr

vielleicht

kann ich mich erinnern an das eine Gefühl

vielleicht

erkenne ich deinen Blick

vielleicht

empfinde ich mich nicht richtig in deiner Nähe

sicherlich

weiß ich auch schon darum

vielleicht

macht dir das etwas Kummer

vielleicht

denkst du warum das nur so ist

vielleicht

stellst du dir nicht die richtigen Fragen

sicherlich

weil du die Antwort schon kennst

vielleicht

war es zu viel Gerede

vielleicht

von der Wahrheit zu wenig

vielleicht

ein Gefühl von Ewigkeit

das nur erinnerte

sicherlich

fühlst du das auch so

Sie sind nicht wie du

du bist nicht wie ich

ich bin nicht wie sie

doch ich fühlte dich

irgendwann einmal

einmal

zu tief

doch

schön war es

Fragst du dich

warum ich nicht so bin

wie du mich sehen möchtest

ich trage keine Highheels

kein Rock

schon gar kein Kleid

trage kaum eine Bluse

und doch bin ich Frau

im Fühlen

wenn ich liebe und geliebt werde

wenn mein inneres Kind

zu spielen beginnt

und

wenn ich noch so alt werden sollte

das lasse ich mir nicht nehmen

zu lang

war mein Weg zum Licht

fragst du dich immer noch

warum ich nicht so bin

wie du mich sehen möchtest

dann

ist es keine Liebe

ich weiß das längst

Die Kraft der Liebe

vermag so viel

sie lässt dich das Licht

bis tief in deine Seele spüren

die Sterne

auch am Tag sehen

du kannst fliegen

leicht am Himmelblau

und du kannst schwimmen

weit übers Meer

mit Blumen im Haar

und einem Lied im Ohr

beginnst du den Tag

und geht am Abend die Sonne schlafen

liegst du in einem Arm

der sich zart streichelt

dein Herz fühlt

das deine Gedanken

die Luftballons zählen

die zum Himmel aufsteigen

in rot und weiß und blau

und schaust du in ein Augenpaar

vergisst du die Welt

Liebe

Die Fragen meines Herzens

ich stelle sie mir leise

manchmal

kommen sie wieder

weil die Antwort sich drückt

nein

das stimmt nicht

das bist ja du

Es waren die Momente

des Wachens

die sie haben aufblicken lassen

kein Augenblick umsonst

alles wohl

zu seiner Zeit

das Sonnentor

hat sich gezeigt

nicht nur im Gefühl

das so schön erzählt

das Leben im Licht

doch auf Erden hier

es ist ein anderes

seit diesem Moment

Die Steine

lebendig im Fluss

halten fest am Sand

Wellen um spielen ihre Körper

mal sanft

dann wieder fest

wie lang lebst du im Fluss

deine Reise

wo hat sie begonnen

wirst du bleiben

auch wenn die Wellen sich an dir reiben

magst du das Licht der Sonne

auf deinem Gesicht

bist du deshalb

aus dem Dunkeln gereist ins Licht

vielleicht

wird dich jemand finden

jemand

der dir seine Gefühle anvertraut

es wird dich nichts mehr schrecken

auf deiner Reise

so viel gesehen hast du

und ist er ein Guter dieser Mensch

wird er dich immer wieder legen

auf das Erdenreich

du erinnerst dich dann

deine Heimat dir so nah

doch du wirst bleiben bei jemand

denn deine Hilfe

ist für ihn ein Garant

für ein friedlicheres Leben

dafür

wird er dir auch dankbar sein

und malt dich

mit den schönsten Farben bunt

Gefunden an einer dieser Tage

Gefühle im Revier

kein Blick

ohne eine Frage

nichts gewusst

und trotzdem hier

Sonne

spricht in gelben Strahlen

Mond

erzählt in silber Farben

ist die Seele

schuld an dem

zwei

ist manchmal eins zu viel

Abstand bitte

hinten an

muss erst probieren

ob ich es auch kann

lange Zeit

ohne Grenzen

seit kurzem erst

ein Diamant

Schmetterlinge

fliegen bunt

über das Grün der Wiese

die da auch Blumen schmückt

sie fliegen von Blüte zu Blüte

erzählen

schon vom Sommerwind

der da streichelt

auch die Seele

kein Gedanke

erreicht mich dann

nur ein Gefühl

ganz leise

Veränderung begann

Das Sonnentor

verschluckt die Wolken

nichts bleibt übrig

von dem was war

und ein Lachen ist zu hören

Freudentaumel in der Seele

Licht gewandt

und doch gesehen

kein Gedanke

bleibt am Himmel

der nicht mit der Sonne lebt

das Sonnentor

sich zeigt so golden

weil es

in jeder Seele wohnt

So oft

ging sie dort spazieren

wo er seine Runden zog

allein

war er auf dem Wasser

sie ging allein

auf Stein

ihre Blicke

wanderten auf die leichten Wellen

auf der Suche

nach dem Warum

begegnete sie

dem schwarzen Schwan am Ufer

warum nur

trägst du dies dunkle Kleid

fragte sie seine Seele

weil das Weiß

schon viele schmückt

ich möchte jedoch

besonders sein

sie hört dem Flüstern seiner Seele zu

setzt sich auf eine Bank

mit einem Mal entdeckt sie sich

im Schwan der am Ufer stand

Sie fragte sich

ob es richtig war

ihre Stimme zu erheben

sie fragte sich

ob es richtig war

andere zu bewegen

ihre Seele liebes Kind

spricht die Wahrheit längst

erkannte schon so manches Mal

es läuft verkehrt in dieser Zeit

keine Liebe

nichts gewonnen

Liebeslied erklingt

die Gedanken an den Morgen

sinken leise in ihr Herz

Lichtidylle ihrer Seele

richtig war es mein Kind

Herzidylle

Seelenschimmer

Blicke

wandern nicht mehr um

weite Seele

Landschaftsgarten

so viel Grün

das ist so schön

Manches

ist nicht gesagt

anderes

zu oft

manches

ist nicht gefragt

anderes

zu wenig

diese Worte

die nicht über die Lippen finden

das Gefühl

das sie zurückhält

wo fand es seinen Ursprung

sind es die Ängste

verlieren zu können

wo es doch nur

Gewinner geben kann

weil wir alle lernen

schneller

auch langsamer

finden

diese ungesagten Worte

noch hinaus in die Welt

die Fragen

werden sie noch gestellt

und die Antworten

werden sie den finden

der sich sie so wünscht

Meint sie

ja

meint er

nein

findet sie es gut

er findet es schlecht

begrüßt sie den Tag

verabschiedet er sich

geht sie zu Bett

springt er durch die Welt

warum nur

weil sich beide

nichts zu sagen haben

vielleicht auch

traf Wille

auf Liebe

das war einmal

meinst sie

ja

findet er es gut

meint er

nein

stimmt sie zu

begrüßt sie den Tag

tut er es auch

und geht sie zu Bett

geht sie nicht mehr allein

Bunte Lichter

flackern ihre Nacht hell

sie bewegt sich zur Musik

ihr Alter

ist den anderen egal

sie kann tanzen

wie in früheren Jahren

alles fliegt weg

gegen die kalten Wände

sie brauchen Farbe

einer im Saal

hat sie im Auge

er steuert auf sie zu

vielleicht

halb so alt wie sie

doch auch ihm

ist das egal

was die anderen sagen

das sollte sie nicht stören

keiner

bleibt in diesen Nächten allein

doch ob es die große Liebe ist

wird sich zeigen

wenn der Tag anbricht

Sie sagte ihm

mach dich frei von dem

was dein Kopf dir rät

sprich mit dem Bauchgefühl

und dann erst

höre auf den Verstand

wäge ab

aber sei dir sicher

egal

wie du entscheiden wirst

es ist nur ein Weg von Zweien

Die Fragen

die nicht gestellt

die Blicke

die nicht beantwortet

all das

hast du erfahren

weil

du dich nicht liebtest

Immer wieder

dieses leise warten

jeder Fluss

tut sich schwer damit

das Wasser

umspielt jeden Stein

und die Haut der Steine wird glatter

die Narben aus längst vergangener Zeit

noch zu sehen

doch gleitet man darüber

fühlt man sie nicht

aus einem traurigen Gefühl

ein glücklicheres zaubern

das kann der Fluss des Lebens

hört man ihm zu

Die vielen Farben

in seiner Seele

sie leuchten

wenn

Tränen kämpften in den Kanälen

haben sie sich gezeigt

die dunkleren Farben

dann traf er sie

sie zauberte

die dunkleren Farben

in ein strahlend Weiß

das war sein Glück

er fühlte es

Es waren

die falschen Fragen

das nicht sehen wollen

vielleicht auch

das nicht erkennen können

weil die Seele Kummer trug

es war das Weiß

das in der dunklen Farbe fehlte

der Weg versperrt

so schien es lang

doch ein Stern

fällt nicht einfach so vom Himmel

da gibt es etwas das Größer ist

als alles andere auf der Welt

Liebe

An manchen Tagen

war die Träne

schon etwas Wunderbares

sie nahm den Schmerz mit auf ihre Reise

auf nimmer wiedersehen

das Leichte

es war noch draußen

doch es war nah

ein schöneres Bild

aus der Seelenmitte

hat die Augen wieder leuchten lassen

manchmal

rann dann auch eine Träne übers Gesicht

vor lauter Lachen

wie schön das Leben doch sein kann

an manchen Tagen

war die Träne schon etwas

ganz Wunderbares

Es sind seine Augen

die sie fragend anschauen

sein Blick

wenn er mit ihr spricht

erzählt Bände

obwohl er die Fragen stellt

er wartet nur auf sie

doch wartet er auch lang

Geduld

ist das seine Stärke

sie hat damit Mühe

und antwortet sie ihm

spricht er ihr ins Wort

es sind seine Augen

denen sie nicht widerstehen kann

und schaut er sie an

ist es immer wieder um sie geschehen

warum das so ist

sie weiß es nicht genau

doch sie glaubt an Liebe

Mancher Engel

sitzt ganz leise

nah an deinem Seelenrand

erzählt dir gern

von deiner Reise

die noch nicht fühlen kannst

breite Wege

Blumen bunt

Sonnenschein im Regen

mancher Engel weiß davon

nur

du musst dich auch regen

Das Müde

weicht aus unserem Seelenmantel

geht zu Boden

und wir fliegen

Am Firmament

ein heller Stern

er leuchtet mir die Nacht

still

wird es nun auch in mir werden

meine Seele

Ruhe braucht

Genug

für heute fühlte die Seele

so viel ertragen

meinte das Herz

endlich Stille

hauchte der Gedanke

er legte sich nieder

und seine Augen waren müde

doch

er nimmt noch eine Brise Leichtigkeit wahr

mit leiser Stimme fragte er

Wo kommst du nur her

Pst

flüsterte der Engel

und deckte ihn zu

Es gab eine Zeit

da hatte ich das Stille umarmt

sie war meine beste Freundin

erzählte mir aus meinem Leben

und ich tat mich schwer damit

das zu glauben

obwohl

ich es viele Augenblicke

immer wieder im Arm gehalten hatte

mochte ich es zuerst nicht glauben

doch meine beste Freundin half mir

so fand ich den Weg

der zu mir gehörte

Sie liest die Zeilen auf Papier

das sie in ihren Händen hält

dazwischen

liest sie noch viel mehr

doch ob das wirklich so gewollt

warum

kann ein Wort nicht dafür sorgen

das aller Zweifel ausgeräumt

wieso

muss sie sich noch immer fragen

ist das der Weg

den sie gewählt

Still s

aß sie am Meer

bewegendes Wasser

das untergehende Licht der Sonne

berührte sanft die Wellen

sie lies ihre Gedanken ruhen

ihre Gefühle

summten ein Lied

das sie leise bewegte

schon ein Wort

war zu viel

leise

fühlte sie die Hoffnung

zu einem Neubeginn

ohne ihn

Gefällt dir

an anderen etwas Besonders

sag es ihnen

mit einem Lächeln

sie werden Freude empfinden

und du auch

Und

da gab es dich irgendwo

und

da war ein Gefühl

und

da gab es eine Umarmung

und

da war die Seele

tief berührt

doch

die Schatten waren größer

und

nun geht jeder

seinen Weg

Still

sitzt sie am Fenster

sieht den Regentropfen zu

die wie Perlen

am Glas sich zeigen

farblos transparent

das Bunte

ist in ihren Gedanken

ihr Herz

erzählt so schön

ihre Seele lacht

In der Ferne

liegt ein Boot

es ruht sich aus

auf seinem Kurs

die Matrosen

brauchen Mut

nichts vergessen

die Heimat so fern

raue See

Stürme peitschen

Kajüten zu klein

was wird bleiben

die Liebe

zum Meer

Er

versteckte seine Farben

hinter zig Verkleidungen

das Fremde in ihm

lies ihn nicht lieben

er wusste darum

sein Gefühl

erzählte ihm

doch er hörte nicht zu

das war sein Fehler

doch er war mutig genug

es zu korrigieren

nun

leuchtet er in seinen Farben

wild

frei und schön

Finde heraus

warum du

auf dieser Welt lebst

finde heraus

woher du kommst

wohin

du gehen möchtest

es gibt einen Weg für dich

den nur du beschreiten wirst

nicht

weil andere nicht gehen

sondern

weil nur du eine Aufgabe

auf diesem Weg hast

Deine Ängste

lass sie im Meer ertrinken

an einem schönen Sommertag

deine Mutlosigkeit

vergrabe sie im Sand

an einem schönen Sommertag

deine faulen Kompromisse

übergebe sie dem Wind

an einem schönen Sommertag

an einem schönen Sommertag

wurde er der er sein wollte

einfach so

durch Meer

Sand und Wind

Die Königin

sie erzählt nicht viel

zu lang das Warten

auf das

was sie sich wünschte

die Königin

liebt den Mann

der weiß

was er will

den König ihres Herzens

Manchmal

sucht sie

sie sucht nach Etwas d

as zu fehlen scheint

ihr Gefühl rät ihr

halte dich zurück

lausche

den Worten deiner Seele

wenn sie dir zu flüstert

wirst du erfahren

um was es geht

die Suche wird beendet sein

Es war unvermittelt

irgendwann machte es

Baaam

doch seine Gefühle so arm

sie investierte zu viel davon

zu spät

so schien es ihr

doch es ging noch einmal gut

hatte er versucht

auch sie zu verstehen

sie glaubte es nicht

seine Gefühle verletzten sie

und gab er eine Entschuldigung

war das nächste Problem vorprogrammiert

bis sie sich entschied

kein Gefühl mehr für ihn

vielleicht

schmerzte ihn das wirklich

vielleicht

tat er auch nur so

sie überlegte nicht mehr

ging in ihr Leben zurück

und lebte

es so gut es ging

ihre Gefühle

lernten fliegen auch ohne ihn

das dies möglich war

hätte sie am Anfang

nie geglaubt

Spürst du noch ihre Ketten

sie haben dich noch

wird es doch langsam Zeit

findest du nicht auch

ihre Schmerzen

kannst du nicht betäuben

sie müssen sich wandeln

zur Liebe

du darfst hoffen

auf ihr Verständnis

doch ob sie dich verstehen werden

wird sich zeigen

wenn du die Wahrheit sprichst

Mit jedem Mal

ein bisschen mehr

mit jedem Mal

ein bisschen besser

Gefühle

lernten mit der Zeit

sprechen heute

von Liebe und so weiter

doch anders

als ich am Anfang fühlte

glaubte ich doch

ohne dich keinen Schritt mehr zu gehen

und mein Atem würde stehen

fühlte ich

die Worte deiner Seele

es sind die alten Erinnerungen

an eine Zeit

in der ich begann

zu mir zu finden

dafür sollte ich dankbar sein

Von Marion Jana Goeritz ebenfalls
beim Verlag BoD erschienen (BoD
Books on Demand, Norderstedt, nähe-
re Informationen finden Sie unter ww-
w.BoD.de)

„Liebe für die Seele Band 1"
ISBN 978-3-7357-4045-8

„Liebe für die Seele Band 2"
ISBN 978-3-7357-7734-8

„Seelenweiß"
ISBN 978-3-7347-5769-3

„Seelen essen Liebe gern"
ISBN 978-3-7347-8706-5

„SeelenEngel" ein spiritueller Erfah-
rungsbericht
ISBN 978-3-7386-2588-2

„SeelenSchlüssel"
ISBH 978-3-7386-3844-8

„Seelenfarben"
ISBN 978-3-7386-3947-6

„Seelenschimmer"
ISBN 978-3-7386-4014-4

„Seelenfinden"
ISBN 978-3-7386-4037-3

„Ein Gefühl meiner Seele"
ISBN 978-3-7386-1506-7

„Seelenfrieden" Danken, Bitten, Ent-
spannung ein persönlicher Erfahrungs-
bericht
ISBN: 978-3-7386-4884-3

„Seelenweihnacht"
ISBN: 978-3-7386-5616-9

„Im Land unter dem Regenbogen"
Wunderbare Märchen und unglaubli-
che Geschichten
ISBN: 978-3-7392-0115-3

„Freddy und seine Geschichten"
ISBN: 978-3-7386-3321-4

„SeelenWorte"
ISBN: 978-3-7392-0455-0

„Herzanker"
ISBN: 978-3-7392-3482-3

„Im Fluss der Liebe"
ISBN: 978-3-7392-3489-2

„Seelenklänge"
ISBN: 978-3-7392-3532-5

„Liebeslied"
ISBN: 978-3-7392-3548-6

„Wahre Traumtänzerin"
ISBN: 978-3-7392-3556-1

„Emilia Sommerfeld"
ISBN: 978-3-7392-3787-9

„Für mich war es Liebe"
ISBN: 978-3-8423-5362-6

„Kaleidoskop"
ISBN: 978-3-8423-5738-9

„Die verzauberte Wiese"
ISBN: 978-3-7412-0772-3

„Seelenbrücke"
ISBN: 978-3-7412-0890-4

„Wetterleuchten"
ISBN: 978-3-7412-2740-0

„Zentrifuge"
ISBN: 978-3-7412-4011-9

„Für Dich"
ISBN: 978-3-7412-4018-8

„Hannos Geschichten"
ISBN: 978-3-7412-9373-3

„Das Eulenherz"
ISBN: 978-3-7431-0009-1

„Eine Reise irgendwo hin"
ISBH: 978-3-7421-0042-8

„Ist das wirklich wahr?"
ISBN: 978-3-7431-1549-1

„Stille Momente"
ISBN: 978-3-7431-1586-6

„Engelszwirn"
ISBN: 978-3-7431-1594-1

„Anders"
ISBN: 978-3-7448-3582-4

„Wenn es spricht"
ISBN: 978-3-7448-3583-1

„Jonas und die Himmelsleiter"
ISBN: 978-3-7448-5452-8

„Farbenregen"
ISBN: 978-3-7448-5453-5

„Wellenfarbe"
ISBN: 978-3-7448-7311-6

Blanchefleur
ISBN: 978-3-7448-7415-1

„Winterzauber"
ISBN: 978-3-7448-9885-0

„Seele was denkst du dir?"
ISBN: 978-3-7448-9937-6

"Der Südwind
der aus dem Norden kam"
ISBN: 978-3-7448-8206-4

Weitere Informationen zu Neuerschei-
nungen finden Sie immer auf meiner
Seite

www.buchkaleidoskop.Reikipraxis-Goe-
ritz.de